Heike Haas

Die Autorin Heike Haas ist Berufsschullehrerin im Fachbereich Gartenbau.
Im vorliegenden Buch beschreibt sie in 59 Gedichten viele Facetten des Frühlings.
Eigene Fotografien unterstreichen die Aussagen der Gedichte.

Der Frühling beginnt mit den allerersten Blüten von Haselnuss, Schneeglöckchen
und Leberblümchen, gefolgt von Krokus, Buschwindröschen, Scharbockskraut und
anderen. Bei den Bäumen wird der Wasserstrom von den Wurzeln zu den Blatt-
und Blütenknospen erst aktiviert, damit sie austreiben können. - Auch Tiere wie
Vögel, Schmetterlinge und Bienen kündigen auf ihre Weise den Frühling an.
Das Buch spannt einen Bogen bis hin zur Osterzeit. Da spielt der Mond eine Rolle,
da sich die Terminierung des Osterfestes nach dem ersten Frühlingsvollmond
richtet. Jetzt ist das Leben in der Natur weiter fortgeschritten, doch gibt es auch
immer wieder Rückschläge mit Kälte, Eis und Schnee.

Die Autorin verwendet verschiedene Gedichtformen: Gedichte ohne Reim;
mit Reim (Unterscheidung nach Versmaßen); Elfchen und Haiku.
Jede Gedichtform wird auf den Seiten 76/77 kurz erläutert, und dieser jeweils
ein Gedichtbeispiel aus dem Buch zugeordnet.

Am Ende befindet sich ein Kapitel- und Titelverzeichnis, ein alphabetisches
Verzeichnis aller Titel, eine Liste der botanischen Pflanzennamen und
lateinischen Tiernamen, sowie das Fotoverzeichnis.

Heike Haas

Frühling strömt aus dem Baum!

Gedichte und Fotografien

Titelbild: Wildkirschenblüte

Heike Haas veröffentlichte bei BoD:

Erleben Sie die Jahreszeiten am Mittelrhein/2020
ISBN 978-3-7504-1898-1

Insel im Kobaldblau - Vom Abend zur Nacht/2020
ISBN 978-3-7526-2831-9

Die 4 Elemente des Lebens - Feuer, Wasser, Erde, Luft/2020
ISBN 978 -3-7526-6914-5

Wer bist du, schöner Schmetterling?/2021
ISBN 978-3-7526-2289-8

Eine Sammlung der besonderen Steine/2021
ISBN 978-3-7526-8443-8

Bibliographische Information der Deutschen Nationalbibliothek:
Die Deutsche Nationalbibliothek verzeichnet diese Publikation in
der Deutschen Nationalbibliografie; detaillierte bibliografische
Daten sind im Internet über dnb.dnb.de abrufbar.

© 2021 Haas, Heike
Herstellung und Verlag BoD -
Books on Demand, Norderstedt

ISBN 978-3-7534-0355-7

Heike Haas

Frühling strömt aus dem Baum!

Gedichte und Fotografien

1 Das allererste Blühen

Schneeglöckchen

Leberblümchen

Blühen der Haselnuss

Das erste zarte frische Grün
im Winter noch, an Bach und Tal:
jetzt sehe ich mit einem Mal
der Haselkätzchen helles Blühn!

Das Buchenlaub liegt braun und dürr,
der Baum ruht noch vom Winter aus;
Clematisfrucht weißschopfig wirr
schickt Wattefäden rau hinaus!

Jetzt sehe ich mit einem Mal
der Haselkätzchen helles Blühn:
im Winter noch, an Bach und Tal
das erste zarte frische Grün!

An die Sonne

Sonne, führe Birkenäste
in das helle klare Licht,
grünen lass' zum Frühlingsfeste
ihrer Blätter zart' Gesicht!

Lass' die Winternebel ziehen,
löse dunkle Wolken auf;
gelbe Kätzchen werden blühen,
Pollen stäuben weit hinauf!

Und die feinen Narben saugen
Blütenstaub aus freiem Wehn,
dass die frischen Nüsschen taugen,
Samenkörner jung erstehn!

Vorfrühlingsnacht

Hell ist der Spiegel des Teichs
Unter dem schimmernden Mond

Gräser stehn starr und verholzt
Vorsichtig regt sich ein Halm

Wind kurze Wellen erschafft
Zitternd den Urgrund bewegt

Frühlingshauch

Die Veilchen, sie ruhn noch im Moos,
von wo sie erwachen mit Duft:
sie lassen die Deckung nicht los,
erfüllen mit Sehnsucht die Luft!

Busch-Windröschen werden erblühn
an Böschungen, Rainen und Wald;
es wird dort der Lerchensporn glühn,
und Amselgesang auch erschallt!

Noch bräunlich und fahl ist das Land;
die Sonne mit goldenem Schein
das Dunkel hat weithin verbannt -
Flechten gelb leuchten am Hain!

Das allererste Blühen

Noch immer ist die Luft eiskalt,
im rauen Wind die Tränen fließen;
die Erde friert und wünscht, dass bald
der Sonne Strahlen sich ergießen!

Heut' sahen wir in Feld und Flur
das allererste Scharbockskraut:
der gelbe Stern sich öffnet nur,
wenn aller Schnee um ihn getaut!

Der Ehrenpreis in Azurblau
hat seine Blüten ausgestreckt,
die Klette mit den Blättern grau
hält ihre Triebe noch bedeckt!

Die Taubnesseln in Lilarot,
sie bilden den Rosettenkreis,
wie es der Staude stets gebot;
daneben Sternchenblüte weiß!

Der Moose Sporenkapseln zart,
gewachsen über dunklem Grün
und filigran auf ihre Art,
nun in der Sonne golden glühn!

Die hellen Strahlen sich ergießen
auf die noch kalte kahle Flur;
und langsam frische Farben fließen
ins fahle Antlitz der Natur!

Im Vorfrühling

Sonne scheint auf braune Felder,
Knospen noch mit Harz versehn;
dunkelgrün die Nadelwälder,
gelb die Weidenkronen stehn.

Alles keimt und wächst ins Leben:
Leberblümchen oder Veilchen;
bis sich Blütenblätter heben,
dauert es nur noch ein Weilchen.

Huflattiche

Ich seh' euch, leuchtend gelbe Köpfchen
in Scharen aus der Erde sprießen;
ihr seid die seltenen Geschöpfchen,
die Blüt' vor Blättern erst entließen!

Von Silberflaum behaart und matt,
ihr lang' auf schwerem Boden liegt;
erst später wächst ein Riesenblatt,
das über Fels und Steine siegt!

Ich seh' euch, seltene Geschöpfchen,
die Blüt' vor Blättern erst entließen:
ihr seid die leuchtend gelben Köpfchen,
die fröhlich aus der Erde sprießen!

Schneeglöckchen

Siehst du die Glöckchen locker schwingen?
Hörst du's im Bodenbeet leise klingen?
Sie sind's, die als erste den Frühling uns bringen!

Die Glocken, sie geben ein festlich' Geläute,
bewegt von der Sonne nun wärmenden Strom;
errichtet im eigenen heiligen Dom,
da stehen in Reinweiß geschmückt diese Bräute!

In zartestem Grün ist gebunden der Kranz,
sie wiegen sich nun in gesittetem Tanz;
rau und auch stürmisch sind oft noch die Lüfte,
aus dem Gebüsch strömen Vorfrühlingsdüfte!

Siehst du die Glöckchen locker schwingen?
Hörst du's im Bodenbeet leise klingen?
Sie sind's, die als erste den Frühling uns bringen!

In der Märzensonne

Märzensonne milchig hell
fließt auf die noch kahle Flur,
Strahlen wirken brennend grell:
ungewohnte Lichtnatur!

Krokus wächst in fahlem Rasen,
Zwiebeln brachten Blätter grün,
Blüten stehn in ihren Basen:
gelb, blau, weiß und lila blühn!

Schneeglöckchen vereint sich zeigen,
runde Beete überall,
grün' und weißer Blütenreigen
bringt den Winter nun zu Fall!

Im Moospolsterbett

Blume der Hecken und Raine:
duftendes Veilchen so nett;
lila die Blüte, die feine,
wartet im Moospolsterbett!

Schlafendes Leben, erwache;
Sonne, schein' in unser Tal,
wecke das Blümchen am Bache -
Frühling, komm' wieder einmal!

Leberblümchen am Wald

Die kreisrunde Blüte in Hellazurblau
mit weißlichen Ketten so herrlich geschmückt;
das eckige Laubblatt in grünlichem Grau
hingegen mit glänzendem Wachs ist bestückt!

Geliebtes bescheidenes Blümchen, du bist
im Wald, an der Böschung, verborgen;
wenn du deine rundlichen Fahnen jetzt hisst,
dann hast du die Absicht, für später zu sorgen!

Die kleinsten Insekten, sie kommen zu dir
in die Sphäre der Farben und Düfte;
sie fliegen mit größtem Vergnügen zu ihr,
gezielt zu der Blüte, durch mildere Lüfte!

Mit weißlichen Ketten so herrlich geschmückt
die kreisrunde Blüte in Hellazurblau;
da hast du die vielen Insekten beglückt:
für sie bist du mehr als nur Farbe und Schau!

2. Der Frühling kommt!

Frühlingskrokus

Das Scharbockskraut

Zaghafter Frühling

Wiedergekommen ist das Licht
Schüchtern klopft nun der Frühling an

Weiße, gelbe und blaue Farben
Schneeglöckchen und Krokusse blühn

Auch die ersten Gänseblümchen
Drängen aus dem Grase hervor

Die Amsel mit ihrem Gesang
Belebt jetzt wieder den Garten

Nur der Pfirsichbaum streckt noch kahl
Sein helles Geäst zum Himmel

Zögerliche Sonne, die nicht wärmt
Kühl weht der Wind über braunes Land

Erster Krokus

Winter an der Böschung, der gehärmten,
noch in langen Schatten, frosterfüllt;

komm' nur aus der Erde, der gewärmten,
von den Sonnenstrahlen sanft umhüllt;

erster Krokus, öffne dich dem Licht,
dass es aus der Tiefe dich geleite;

zeige mir dein strahlendes Gesicht,
aus der dunklen Erd' in helle Weite!

Frühe Krokusse

Krokusblüten sprengen bunt
braun erfrorene Rasenflächen
innig leuchtend, frisch, gesund;
dicht bepackt heraus sie brechen!

Zarte Kelche luftig-weit,
zu dem Lichte sie sich strecken;
jetzt zur frühen Märzenzeit
wollen sie den Frühling wecken!

Kühl noch ist es in den Nächten,
doch die Vögel ziehen heim;
mit den Erd- und Sonnenmächten
kam das Leben insgeheim!

Unerwartete Krokusblüte

Unten vor der Backsteinmauer
Gräser standen weißlich fahl;
nach dem kurzen Regenschauer
Sträucher völlig nass und kahl;

plötzlich zogen Wolken glatt,
und der Sonne heller Schein
fiel auf jedes Pflanzenblatt,
dieses sog die Strahlen ein;

unerwartet zwischen Efeu
war im Licht nur gold'ne Pracht;
Krokusblüte frisch und neu:
durch den Sonnenschein erwacht!

Buschwindröschen

In dem mit Buchen bestandenen Wald
am Boden liegt totes und rotbraunes Laub;
an lichtvollen Rainen, da sprießen sobald
zartweiße Blüten aus Humus und Staub!

Die winzigen Sterne zerbrechlich und fein,
das Laub tief geschlitzt und in sattem Hellgrün;
an Rändern des Waldes scheint Sonne herein,
die grünweißen Inseln sind innig am Blühn!

Der Frühling kommt!

Sonne trifft die blassen Triebe,
Erde ist noch klamm und kalt;
dass die Wärme lang' noch bliebe
an der Böschung und im Wald!

Anemone pulsatilla,
Küchenschelle, blüht am Hang;
und dann Daphne mezereum,
Seidelbast, den Hain entlang!

Frühling schickt die neuen Triebe
vieler Pflanzen in den Lauf,
Blumen, die ich innig liebe -
geht auch mir die Sonne auf!

Kamellienblüte

Tausend Facetten
auf dem Rund der Zauberblüte liegen.

Auf ihrem Weiß sich betten
winzige Insekten.

Sie lassen sich durch
den Charme der Blume besiegen.

Die Schlüsselblume

Der Himmel war verschlossen
durch Nebel, Schnee und Reif;
als du ihn aufgeschlossen,
vom Frost die Erd' war steif!

Du Himmelsschlüsselblume:
die Sonne kommt hervor;
die Vöglein, dir zum Ruhme,
sie zwitschern froh im Chor!

Die Pflanzenkinder sprießen
aus tiefer Bodenschicht;
sie wollen nun genießen
das helle Frühlingslicht!

Scharbockskraut

Du zeigst dich in der ersten Sonne
wie dein Verwandter: Hahnenfuß.
Scharbockskraut, du blühst vor Wonne,
der dunklen Erde goldener Gruß!

Gelackte Blüten bringen Glanz,
auffordernd zum Bestäubungstanz;
die Blätter fest, in sattem Grün:
das Frühlingslicht lässt alles glühn!

Stiefmütterchen

Stiefmütterchen, du bist ein netter Gesell',
blickst mich mit lieblichen Äugelein an,
gebettet in gelbes und lila Pastell:
wachse du Blüte, nur immer voran!

Du brachtest den Frühling hinein in die Welt,
die noch war vor kurzem in Trübsal gehüllt;
du locktest die Sonne ans luftige Zelt,
das weithin von süßestem Duft ist erfüllt!

Wachse du Blüte, nur immer voran,
gebettet in gelbes und lila Pastell;
blick mich mit lieblichen Äugelein an:
Stiefmütterchen, du bist mein trauter Gesell'!

Wildes Stiefmütterchen

Stiefmütterchen, träumst du noch in stiller Kluft?
Verbreitest du schon den vertraut-süßen Duft?
Die Knospe geöffnet, in Gelb und in Blau
mit schwärzlichen Malen, gezeichnet genau!

Nun schiebst du dich aus deinem Winterverschlag
am heutigen herrlichen Vorfrühlingstag;
die Sonne scheint weit in die Nischen hinein,
erweckt dich zum Leben, dem Erdendasein!

Hornveilchen

Wie lieb und wie reizend die Hornveilchen sind:
sie lächeln mit einem so süßen Gesicht;
sich öffnende Knospen stets rein wie ein Kind;
als Blüten sie wenden sich vollends zum Licht!

Sie saugen die Strahlen der Sonne hinein,
und alle Gesichter schau'n hoch zu ihr auf;
fließt Wärme von dort in die Violen ein,
von unten strömt Duft in den Luftraum hinauf!

Hell leuchtet das Pflanzenbeet sonnenbeschienen,
die Farben sind bunt: gelb, weiß, lila und rot;
Besucher, die Bienen, sind auch schon erschienen,
sie saugen den Nektar, wie's ihnen gebot!

3. Künder des Frühlings

Der Zitronenfalter

Biene beim Pollensammeln

Melodien aus den Lüften

Anfang März die Amsel singt
abends von dem hohen Baum;
Freude aus dem Lied erklingt:
Winterende, welch' ein Traum!

Melodien aus den Lüften
senken sich hinab ins Herz;
süßer Hauch von Veilchendüften
strömt nun auch bald himmelwärts!

Künder des Frühlings

Quirlig singt der kleine Vogel
jubilierend hoch im Baum;
Sonnenaufgang in der Frühe -
Frühling wird es, welch' ein Traum!

Irgendwo im Baumgeäste
schallt sein mächtiger Gesang
zu des neuen Tages Feste
einige Minuten lang!

Quirlig singt der kleine Vogel
jubilierend hoch im Baum;
Sonnenaufgang in der Frühe -
Frühling wird es, welch' ein Traum!

Amselgesang

Der Amselgesang

Aus atemloser Stille

Berührt tief mein Herz

Nestbau

Ein blaugelber Vogel,
die Meise am Wald,
beginnt nun zu brüten -
der Frühling kommt bald!

Sie holt sich die Zweige
von Sträuchern herein,
bestellt jetzt ihr Nest -
neues Leben kehrt ein!

Die Schwanzmeise

Sie schwingt sich
in zartem und vornehmem Grau
in Äste der Haselnuss
leichtfüßig auf!

Dort leuchtet es golden
aus Lüften zartblau,
und lockerer Blütenstaub
nimmt seinen Lauf!

Blaumeisen

Königsblaue Köpfchen
tummeln sich am Teich;
Wasser für die Kröpfchen
aus dem Gartenreich!

Schwirren durch die Äste,
Haselnuss noch kahl;
Staub weht auf die Gäste
gelblich braun und fahl!

Auf und ab sie stieben
zu der Kiefer dort;
picken nach Belieben,
fliegen wieder fort!

An den Zitronenfalter

Führe mich, Zitronenfalter,
aus dem dunklen Lebensangesicht -

von der eisig kalten Erde
hin zum unbeschreiblich schönen Licht!

Vorfrühling

Höher fährt der Sonnenwagen
auf der Himmelsbahn dahin;
milde Lüfte Wärme tragen,
Primel blüht, erfüllt den Sinn!

Manche Schöpfung lag im Dunkeln,
die sich jetzt erhellend zeigt:
des Zitronenfalters Funkeln,
der sich zu der Blüte neigt!

Der Bläuling

Aus des Duftveilchens samtigem Blau
begann sich etwas abzuheben

und durch die Lüfte zu entschweben:
ein winziger Falter in himmlischen Blau!

Für Schmetterlinge

Blumen

Einer Wiese

Nur für Schmetterlinge

Mit reinem Nektar gefüllt

Lebensgrundlage

Bienenleben

Bienen

Besuchen summend

Den blühenden

Weidenbaum

Um Pollen zu sammeln

Frühling

Die Biene und der Löwenzahn

Die Honigbiene langsam kroch
in jene Körbchenblüte ein,
sank hin mit ihren Beinchen noch,
drang endlich in den Kelch hinein!

Aus vielen Röhren nach und nach
sie sog den Nektar tief heraus,
und lieferte nach dem Vertrag,
das löste die Bestäubung aus!

Die Biene war am Löwenzahn
und dessen Blütenkörbchen zart;
bald schwebte sie auf hoher Bahn,
zur nächsten Blüte ging die Fahrt!

4. Frühling strömt aus dem Baum!

Wildpflaumenblüte

Blühende Kirschbäume

Kirschblüten

Weiß

Die Blüten

Wie sie schweben

An dem braunen Holz

Leichtigkeit

Frühling strömt aus dem Baum!

Sonnenschein liegt auf dem Wald,
Wasser empor steigt im Stamm;
Erdreich ruht immer noch kalt,
weiterhin feucht, kühl und klamm!

Wasserdampf zieht in den Raum,
treibt dabei Säfte hinan;
Frühling strömt nun aus dem Baum,
unsichtbar Leben fängt an!

Feuchte, sie fließt jetzt ganz leicht
in die umgebende Luft;
Blüten nun werden erreicht,
folgen mit bitterem Duft!

Knospe bricht hart aus dem Ast,
weiß ist ihr Blühen wie Schaum;
Blätter vom Wehen erfasst:
Frühling nun strömt aus dem Baum!

Die Knospe

Das Baumgerüst wartet,
das Licht hindurch dringt;
durch wärmenden Lichtstrahl
die Knospe aufspringt -

entwickelt sich weiter
aus Schichten gerollt,
und wächst heran heiter
zum Blatt - gottgewollt!

Märzsonne

Sonne scheint durch braune Blätter,
die sich an den Zweigen drängen,
nach dem spröden kalten Wetter
noch am Birkenreisig hängen!

Sonne, wärme klamme Bäume,
dass sie Knospen auswärts treiben;
duftig leichte Blütenträume
woll'n sich Lüfte einverleiben!

Sonne, scheine mild und gebe
deine Güte in den Raum,
dass die ganze Erde lebe
diesen einzig wahren Traum!

Nach dem Winter

Windstille

Geregnet hat es letzte Nacht
Die Luft ist mild und rein
Die Schärfe des Winters ist vorbei

Nun trauen sich grüne Blättchen zu sprießen
Baumkronen zeigen sich zart, frisch und grün

Die Blütensternchen der Schlehe
Verhüllen die Böschung
Mit ihrem zauberhaften Weiß

Die Natur ist erneut zum Leben erwacht

Forsythie

Urplötzlich erstrahlt die Sonne
Unnatürlich warm und hell
Über der noch leeren öden Flur
Nur die Forsythie gibt dem Himmel
Sein goldenes Leuchten zurück

Forsythie, du sattgelb blühender Busch
Ragst hervor aus dem Einheitsbraun
Der noch schlafenden Sträucher und Bäume
Dicht übersät von goldgelben Blütenkelchen
Verzauberst du die Natur

Zartgrüne Knospen werden sprießen
Die gelbgrünen Dolden der Ahornbäume
Weißduftige Pflaumenblüte
Und das Hellrosa des Weinbergspfirsichs

Weidenbüsche

Starre graue Hölzer ragen
grob verästelt in den Raum;
filzig weiße Knospen tragen
voll' Verlangen ihren Traum!

Feuchte sickert langsam einwärts,
Weiden stehn noch nackt und bloß;
Milde treibt das Wachstum auswärts:
kleines Knospenrund wird groß!

Seidelbast im Wald

Anfang März, der Winter bleibt,
nur der Seidelbast, er treibt
nackte rosa Blüten aus,
leicht sie wehn im Windgebraus!

Triebe holzig sind erstarrt,
noch von Eis und Kälte hart,
keine Blätter werden grün,
Leben zeigt sich erst im Blühn!

Sonne könnte durch die Wärme
Flieglein locken aus der Härme,
würden hin zur Blüte fliegen,
ihrem starken Duft erliegen!

Doch dann bleibt es weiter kalt,
Seidelbast im nahem Wald
unter Strauchwerk still verharrt,
bleibt noch lange Zeit erstarrt!

Das Blühen, ein Traum

Das Blühen, ein Traum

Für den riesigen Kirschbaum

Hoffnung in Fülle

Kirschbaum im Frühling

Unter dir, Kirschbaum, da möchte ich schreiten,
schwelgen im Blütentraum zauberhaft weiß;
du führst mich in deine verhüllenden Weiten,
die schwebende Krone bestimmt diesen Kreis!

So schön, wie du riesiger Baum bist am Blühn,
die rotbraunen Äste und Zweige umhüllst,
so schießen bald Blättchen in zartestem Grün,
die Sehnsucht nach sprießendem Leben du stillst!

Du mächtige Kirsche stehst über dem Tal,
bemerkenswert bitter und herb ist dein Duft;
die Hänge des Rheins sind für dich erste Wahl,
dort flutet nun schon die mild strömende Luft!

Du führst mich in deine verhüllenden Weiten,
die schwebende Krone bestimmt diesen Kreis;
unter dir, Kirschbaum, da möchte ich schreiten,
schwelgen im Blütentraum zauberhaft weiß!

Vogelkirsche

Mächtige Vogelkirsche,
riesiger blühender Baum –

bildet den inneren Raum
wie eine uralte Kirche!

Die wilden Kirschbäume

Wenn sich die Gehölze im Frühjahr entfalten,
kaum drängen sich Blätter in Grün schimmernd vor,
die riesigen Bäume ihr Blütenfest halten:
in leuchtendem Reinweiß sie wachsen empor!

Oftmals sind in Gelb auch Forsythien dazwischen,
erhebend der Anblick der blühenden Schar:
an Bergen und Tälern, auch viel in den Büschen:
weiß, grün und hellgelb - der Frühling wird wahr!

5. Zur Osterzeit

Primel im Schnee

Die Gartentulpe

Der Ostermond

Vollmond

Im Frühling

Das helle Licht

Steht über blühenden

Bäumen

Ostern

Ostern

Geschmolzen ist das Eis,
das Buschwindröschen treibt
und blüht in reinem Weiß!

Ostern ist Hoffnung
auf die Wiederkehr
des Lebens!

Frühling!

Durch den Regen
in dem Garten
seh ich Farben
schimmernd warten:

dass die Knospe
wird zur Blüte,
leuchtend zeigt die
Himmelsgüte:

Leberblümchen
und Narzissen
blühen mit
ureig'nem Wissen!

Ostermontag im Schnee

Es war schon länger warm und licht,
Iris, Primeln und Narzissen
wuchsen vielfach dicht an dicht
und ließen ihre Blüten sprießen.

Das Wetter änderte sich
schneidend und grell,
das Thermometer fiel
sekundenschnell,
kalte Winde bliesen
den Blumen ins zarte Gesicht.

Dann fiel der Schnee
in dicken Flocken auf das Land.
Man sah keine Blumen mehr.
Ein weißes Laken bedeckte
in breitem Band die Erde.

Es brauchte Tage,
bis aller Schnee schwand.

Viola, das Hornveilchen

Viola strahlt vor Güte,
von braunem Samt umrahmt;

die leuchtend gelbe Blüte
hat ein Gesicht umarmt!

Rote Taubnessel

Dunkelgrünes raues Blatt
hast den langen Winter satt;
Adern rissig eingesenkt
wirst jetzt aus der Erd' gelenkt!

Paarig sind der Blätter viel,
rot und kantig ist dein Stiel;
lila Blüten buschig stehn,
Lippen in die Tiefe gehn!

Wo der Nektar ist verborgen,
der die Hummeln wird versorgen -
liebe Pflanze, überall
prangt dein Purpur-Blütenball!

Märzenbecher

Am feuchten Teichrand stehst du
Liebliche Frühlingsblume
Dein längliches schmales Laub
Schwingt sanft nach unten hinab
Berührt den sumpfigen Grund

Bauchig ist deine Glocke
Wie ein Becher geformt
In Weiß mit zartem Grün
Sich unten leicht verengend
Zu sechs zierlichen Zipfeln

Läute jetzt den Frühling ein
Glocke des Märzenbechers
Du verheißt den Sonnenschein
Durch dein zärtliches Nicken
Erwecke das Leben neu

Flieder

Ein trüber kühler Frühlingstag,
die Kirschen sind schon abgeblüht;
die Welt vordem in Weiße lag,
ihr Blütenfall, er kam verfrüht!

In den Gärten blüht der Flieder,
vom Sturmwind hin und her bewegt;
weiß und lila grüßt er wieder,
die hohen Dolden stark erregt!

Mit Farbe und mit süßem Duft
erfüllen sie die kühle Luft,
die böig schauernd sie umweht;
ein Regenschauer niedergeht!

Die Gauklerblume

Am niedrigen Wasserrand im Gartenteich
nicken die goldgelben blühenden Glocken;
als wertvolles Kleinod im diesem Bereich
viele Insekten sie hin zu sich locken!

Wie diese Blume von innen her lacht,
sattgelb mit ihrem so tiefroten Schlund;
und frisch hat der Frühling die Blüten gemacht:
mit formschöner Glocke und lieblichem Mund!

Farben des Frühlings

Weiß und lila blüht der Flieder,
auch im dunklen Violett;
senkt sich auf die Hecken nieder
und der Vögel Nesterbett!

Blau sind die Glyzinentrauben,
süß ihr Duft in Gartenlauben;
weiß die großen Apfelbäume,
rosa Hauch für zarte Träume!

Goldregen flutet die Kaskaden,
stürzt hinab ins helle Licht,
mit Blüten in Hellgelb beladen,
bis der Samen sie zerbricht!

Weiß, gelb, blau, flieder, violett –
wer möcht' sie nicht gern haben?
Die Töne spielen im Terzett
ganz wunderbare neue Farben!

Narzissen

Zauberhafte Blütensterne

auf gerillt geröhrten Stielen -

wie ihr sendet schon von ferne

goldenes Licht von Kronen vielen!

Frühlingszeichen

Die Forsythien blühn
wie ein brennender Strauch
über braunem Buschwerk und Land!

Ihre Zweige erglühn
mit heiß flammendem Tusch
in goldgelbe Farbe gebannt!

Vieltausende Sterne
in Nähe und Ferne
stehn hell erleuchtet in Brand!

Gedichtformen
(kursiv = Gedichtbeispiele aus dem Buch)

1.ohne Reim:
Verse sind unabhängig vom Reim;
Forsythie, Seite 55

2.mit Reim - nach Versmaßen:

Trochäus: Betonung liegt auf der 1.Silbe;
abwechselnd 1 Hebung, 1 Senkung
An den Zitronenfalter, Seite 42

Jambus: Betonung liegt auf der 2. Silbe;
abwechselnd 1 Hebung, 1 Senkung;
Leberblümchen am Wald, Seite 19

Anapäst: Betonung auf der 1. Silbe;
abwechselnd 1 Hebung, 2 Senkungen;
Frühling strömt aus dem Baum! Seite 51

Dactylus: Betonung auf der 2. Silbe;
abwechselnd 1 Hebung, 2 Senkungen;
Frühlingshauch, Seite 11

3. Elfchen:

besteht aus 11 Wörtern, in der Folge der
fünf Zeilen sind es 1, 2, 3, 4, 1 Wörter;
Der Ostermond, Seite 64

4. Haiku:

besteht aus 17 Silben, in der Folge der
drei Reihen sind es 5, 7, 5 Silben;
Amselgesang, Seite 38

Kapitel- und Titelverzeichnis

1.Das allererste Blühen

Blühen der Haselnuss 8
An die Sonne 9
Vorfrühlingsnacht 10
Frühlingshauch 11
Das allererste Blühen 12/13
Im Vorfrühling 14
Huflattiche 15
Schneeglöckchen 16
In der Märzensonne 17
Im Moospolsterbett 18
Leberblümchen am Wald 19

2.Der Frühling kommt!

Zaghafter Frühling 22
Erster Krokus 23
Frühe Krokusse 24
Unerwartete Krokusblüte 25
Buschwindröschen 26
Der Frühling kommt! 27
Kamellienblüte 28
Die Schlüsselblume 29
Scharbockskraut 30
Stiefmütterchen 31
Wildes Stiefmütterchen 32
Hornveilchen 33

3.Künder des Frühlings

Melodien aus den Lüften 36
Künder des Frühlings 37
Amselgesang 38
Nestbau 39
Die Schwanzmeise 40

Blaumeisen 41
An den Zitronenfalter 42
Vorfrühling 43
Der Bläuling 44
Für Schmetterlinge 45
Bienenleben 46
Die Biene und der Löwenzahn 47

4.Frühling strömt aus dem Baum!
Kirschblüten 50
Frühling strömt aus dem Baum! 51
Die Knospe 52
Märzsonne 53
Nach dem Winter 54
Forsythie 55
Weidenbüsche 56
Seidelbast im Wald 57
Das Blühen, ein Traum 58
Kirschbaum im Frühling 59
Vogelkirsche 60
Die wilden Kirschbäume 61

5.Zur Osterzeit
Der Ostermond 64
Ostern 65
Frühling! 66
Ostermontag im Schnee 67
Viola, das Hornveilchen 68
Rote Taubnessel 69
Märzenbecher 70
Flieder 71
Die Gauklerblume 72
Farben des Frühlings 73
Narzissen 74
Frühlingszeichen 75

Alphabetisches Titelverzeichnis

Amselgesang 38
An den Zitronenfalter 42
An die Sonne 09
Bienenleben 46
Blaumeisen 41
Blühen der Haselnuss 08
Buschwindröschen 26
Das allererste Blühen 12/13
Das Blühen, ein Traum 58
Der Bläuling 44
Der Frühling kommt! 27
Der Ostermond 64
Die Biene und der Löwenzahn 47
Die Gauklerblume 72
Die Knospe 52
Die Schlüsselblume 29
Die Schwanzmeise 40
Die wilden Kirschbäume 61
Erster Krokus 23
Farben des Frühlings 73
Flieder 71
Forsythie 55
Frühe Krokusse 24
Frühling! 66
Frühlingshauch 11
Frühling strömt aus dem Baum! 51
Frühlingszeichen 75
Für Schmetterlinge 45
Hornveilchen 33
Huflattiche 15
Im Moospolsterbett 18

Im Vorfrühling 14
In der Märzensonne 17
Kamellienblüte 28
Kirschbaum im Frühling 59
Kirschblüten 50
Künder des Frühlings 37
Leberblümchen am Wald 19
Märzenbecher 70
Märzsonne 53
Melodien aus den Lüften 36
Nach dem Winter 54
Narzissen 74
Nestbau 39
Ostermontag im Schnee 67
Ostern 65
Rote Taubnessel 69
Scharbockskraut 30
Schneeglöckchen 16
Seidelbast im Wald 57
Stiefmütterchen 31
Unerwartete Krokusblüte 25
Viola, das Hornveilchen 68
Vogelkirsche 60
Vorfrühling 43
Vorfrühlingsnacht 10
Weidenbüsche 56
Wildes Stiefmütterchen 32
Zaghafter Frühling 22

Botanische Namen der Pflanzen

1. Krautige Pflanzen/Stauden

Buschwindröschen	Anemone nemorosa
Ehrenpreis	Veronica persica
Gauklerblume	Mimulus guttatus
Hornveilchen	Viola cornuta
Huflattich	Tussilago farfara
Krokus (Frühlings-)	Crocus vernus
Leberblümchen	Anemone hepatica
Lerchensporn, Hohler	Corydalis cava
Löwenzahn	Taraxacum officinale
Märzenbecher	Leucojum vernum
Narzisse, Gelbe	Narcissus pseudonarcissus
Primel	Primula vulgaris
Scharbockskraut	Ranunculus ficaria
Schlüsselblume	Primula veris
Schneeglöckchen	Galanthus nivalis
Stiefmütterchen, Wildes	Viola tricolor
Taubnessel, Rote	Lamium purpureum
Tulpe (Garten-)	Tulipa gesneriana
Veilchen (Duft-, März-)	Viola odorata

2. Bäume und Sträucher

Birke (Weiß-)	Betula pendula
Blauregen, Glyzine	Wisteria sinensis
Efeu	Hedera helix
Flieder	Syringa vulgaris
Forsythie, Goldglöckchen	Forsythia x intermedia
Goldregen	Laburnum anagyroides
Haselnuss	Corylus avellana
Kamellie	Camellia japonica
Kirsche (Süß-)	Prunus avium (in Sorten)
Kirsche (Vogel-)	Prunus avium
Pflaume	Prunus domestica
Schlehe/Schwarzdorn	Prunus spinosa
Seidelbast	Daphne mezereum
Waldrebe	Clematis vitalba
Weide (Sal-)	Salix caprea

Lateinische Namen der Tiere

1.Vögel

Amsel ………………………………… Turdus merula
Blaumeise ………………………… Cyanistes caeruleus
Kohlmeise ………………………… Parus major
Schwanzmeise ………………… Aegitales caudatus

2. Insekten

a) Zweiflügler

Biene (Honig-) ……………………….. Apis mellifera
Hummel ………………………… Bombus hypnorum

b) Schmetterlinge

Bläuling ………………………… Polyommatus icarus
Zitronenfalter ………………… Gonepteryx rhamni

Fotoverzeichnis © Heike Haas

<u>Titel</u>: Wildkirschenblüte

Schneeglöckchen 6

Leberblümchen 7

Frühlingskrokus 20

Das Scharbockskraut 21

Der Zitronenfalter 34

Biene beim Pollensammeln 35

Wildpflaumenblüte 48

Blühende Kirschbäume 49

Primeln im Schnee 62

Die Gartentulpe 63